JN418732

Huh SO-mi

시인 허소미

먼 먼나무

허소미 시집

먼 먼나무

Poetics 시학

■ 시인의 말

붉지 못해 하얗구나
하얗지 못해 천연한 척
모로 돌아앉았구나
붉지도 하얗지도 못하는 마음
그대 나를 바라보는
오직 한 길 눈길
무심으로 가라앉히고
끝내
처량한 낯색 짓는

시여! 나여!

2010년 7월
허소미

차 례

제1부

제2부

제3부

제4부

제5부

제1부

먼 먼나무

사랑이
꼭 백설 위에 듣는 핏빛이어야 하는가
찬물 같은 날에도
오종종 빨간 열매
나무 먼나무
눈 속 가득 차오르는
따스한 빛살
가까운 듯 먼 듯 살아온 부부
오누이처럼 닮은 세월로 바라보며

눈치로 대강 짐작하는
믿음의 뿌리가 정이라며
추운 뱃속에
뜨건 국밥 한 그릇으로 푸는 것 같은 것이라고
한마디
남겨진 그 한마디 받아안아
사랑은 더욱 반짝이는가
가까울수록

먼 데 사람 그리워하듯 하라
아우르는 메시지
그 나무 제 이름자 속에
딴청처럼 갈무리하고 있다

목련, 그 하얀

그냥 하얀 것이 아니었습니다
밤새 뒤척이며
'나' 를 버린 고뇌의 빛이었습니다
당신 앞에 당당하기 위해, 순결하기 위해
얼마나 다른 많은 방도를 물리쳐야 했는지
나는 오늘 증심사에 가서 알았습니다
절 마당 한편에 서 있던 나무 한 그루
한 겹 한 겹 목련의
그 하얗기만 한 속내에 반점처럼 몰래 찍혀 있던 혈루들
가만 하나 주워 들고 긁어 부스럼 내 보았습니다
아니 어찌 이리 슬픈지요
저를 온통 당신 생각으로 가득 채운
진피의 빛깔
저를 빼고서야 저를 죽이고서야
이 세상에 발 딛고 설 무엇이 있단 말입니까
모두가 웃고 떠드는 소란 속에서
전율하듯 내 가슴에 들어와 박히는
저 쓸쓸한 자조

빈집

어느 세월에는 사람이 살았겠지
화단엔 장미꽃 환히 피기도 했겠지
우연히 스치다 본 어느 가을날
마당엔 차일이 처지고 상복 입은
몇이 어른대는 걸 본 것도 같았어
만장 앞세우고 내일 모레쯤 꽃상여도
나가겠지 하며
눈물 없이 그러나 명복을 비는
마음을 부조했었지
그렇게 사람을 비워 내고
집 저 혼자
그렁그렁 지내는가 했더니
빈 땅이면 어디라도 찾아드는 잡풀들에게
조금씩 잡아먹히더니
억새풀들 그 질긴 근성에
지붕 꼭대기까지
내주고 말았으면서도
마지막 보루처럼

문패는
이름 석 자를 놓지 못하고

사마귀 죽이기

꽃눈이었는지 모른다
내 겨울 복사뼈 외벽에 아이콘처럼
바싹 엎드려 있다
책상다리에 깔려 뭉개어질 위기일발을
앞발의 갈고리로 움켜쥐고
페로몬 향기로 쿡쿡 찔러 댄다
결국 용서하지 못한 상처 하나

그냥 두고 볼 수 없는 마음이
쑥뜸으로 화기를 돋구자

스스로 제 몸 열어 화들짝 피어 버렸을까
발부리까지 치렁치렁 늘어뜨린
복사꽃 이파리
붉은 꽃심 슬쩍 건드리면
타다닥 일어
세상을 온통 화염에 휩싸이게 할 것 같은
아직은 고르지 못한 숨결

달마산 미황사에서

기암괴석 병풍을 둘러쓰고
달마산 지금 묵언수행 중이다

혜가라도 나타나
한쪽 팔 성큼 베어 들면
이 묵계 풀어질까

가랑잎 수런거리는 소리에도
돌아앉는 달마
미황사는 지금 가라앉은 숨결로
저 혼자 뜨겁다

백목련을 보다

독하게 희지 않고서는 틈입할 수 없다

빙벽을 치고

제 몸단속에 나선 독야청청

티눈 그 상처에 대하여

상처는
그 몸의 중심일까
앞꿈치 발바닥 둘째 발가락 둥치
제 발에 맞지 않은 신발로
우둑우둑 짚어 버린 어느 날의 그늘
그 묻혀 지내던 날의 씨알이
발아하듯 싹을 틔웠는가
내 생의 요소요소에
암초처럼 부딪치며
끊임없이 나를 저지하고 겨누던 칼끝
내 탓이오로 저를 비워 내고
알싸한 향기의 취객이 되어
울멍울멍 토해 내고만,
몸이 기억하는
어느 봄날의 몽니 하나

자목련

이 봄날에
하루에 열두 번씩도 더 속 뒤집히는 여자
순전히 얼굴에 밥 붙은 관상 하나에 매달려
이날 여태까지
가슴에 잉걸불 끓이고 사는 여자
그러나 밥 그 무거운 자리
결코 놓칠 수 없어
행동거지 날마다 간추리는
거안제미의 체념

바람을 잡다

내 귓속에 바람이 빠졌다네

나는 한 개의 공이었네
펌프로 공기를 불어넣고서야
보톡스 맞은 것처럼 탱탱해져
소리의 바퀴를 굴려 골대를 향하여
올인하는 바람의 힘
지금도 가라앉고 있다는 몰디브 섬처럼
지반 침하하는 고막
한두 번으론 듣지 않아
매일 출근 도장 찍다 보면
그렁저렁 굴러는 가리라는 진단이다
바람 없인 한시도 살 수 없는 세상
기대라는 갈망으로 어깨 추스르며
오늘도 바람 맞으러 간다
너 바람 잡으러 간다

백련의 백색에 대하여

온누리를 아우르는
저 백색의 가시광선
지금껏 알고 있던
알고 있었다 여기는 것들을
씨줄 날줄로 엮는
무념무상의 꽃잎들
그 흰빛에 걸려
그나마 없던 생각마저 하얘지는데
나는 무엇을 안다 말할 수 있을까
백련꽃 송이마다에
목탁 소리 들여놓고
합장하는 묵언의 또 한 세계

부드러운 못질

순풍에 돛 단 듯 고요히 흐르는
물줄기로 이 밤 구석구석 적시며

내 서늘 가슴 움켜쥐는 귀뚜리 소리

열화 같은 박수 속 무대 뒤로 사라져 간 땡별
미구에 오고 말 그 뒷모습이
자기의 거울이라서

조근조근 놓치지 않는 설복조의 저 울음발, 베갯머리
송사라도 벌이자는 걸까 부드러운 혓바닥으로 살살살
강철 같은 남정네 귓구멍 뚫어 버린 뇌뢰

발언은 변두리에서부터 시작되었다

목련의 꿈

단아한 목필로
그 하얗기만 한 화필로
글씨를 쓴다면
쓰는 자리마다 맑고 투명해져
목탁 소리가 나고
그 정갈한 목탁 소리에 맞춰
백일기도에 두 손 모으면
선해진 눈
오가는 말 마디마디에
연꽃 향내가 고여
이 세상은 마침내
향불 내음 그득하게 돌지 알아?
오늘 아침 문득
시간의 변두리에서 걸어 나와
눈맞춤 하는 목련나무 오래된 절집 한 채

청매화의 저 눈빛

오랜만에 찾아간 날 붙들고
이러쿵저러쿵
금세 얼굴의 주름살 활짝 펴곤 하시던
마디 없는 우리 어머니의 눈빛처럼

청매화 한 그루
무슨 말을 할 듯 말 듯 말 건네올 듯
일부러 지나치며
귀 기울이게 하면서
그동안 무심했던 날 준엄하게 꾸짖으시니

넝쿨장미 저 붉은

주공 아파트 담장 따라
둘러 핀 넝쿨장미
저 아우라는
DMZ 철책선 그때부터 한 걸음도
내딛지 못한 좌 · 우 · 지 · 간
벌써 몇 번째
내 비밀번호 튕겨 내는
붉은 신장 하나
6 · 25 전쟁 통 속
적과 동지의 유일한 구별법이었던
암호,
소대 밥 타 가지고 돌아오다
한입 가득 물었던 밥덩이 때문에
바로 대지 못하여 죽어 갔다던 어느 병사
아니라는 몸짓으로는
제 몸뚱아리 살릴 수 없었다고
너는 누구냐 끊임없이
내 색깔을 물어 대는 집요한
불침번

애인 다투기

그 부인을 그의 묵인하에 이 여름
공동의 애인으로 맞아들이기로 했습니다
그러나 그의 품에 건너가 곧잘
숨을 고르곤 하는 죽부인
그럴 때마다 그는 미안한 듯
등 떠밀어 내게로 보내는 눈치입니다만
처음부터 내 정남이는
한쪽 가슴을 이미 그에게 준 듯합니다
그 사랑을 어쩌겠습니까
바라보는 사랑으로 이골이 난 나도
이제 물러설 수 없는데
그러다 우린 서로가 속 시원해지는 방법을
궁리했습니다 서로가 서로의 애인을 껴안아
샴쌍둥이처럼 한 몸뚱아리 한 사람이 되는 겁니다
이렇게 신통방통할 수가 있을까요
나 혼자 끼고 사는 온전한 사랑은 아니지만
그래도 그게 어디냐고
반달 하나 입귀를 끌어당깁니다

불두화

선운사 절 마당 한편
오월 햇살에 피어난 꽃나무 아래
사람들도 따라 흥겨워

해보다 맑은 웃음의 어린아이는
꽃잎에 볼 비비며 포즈를 취하고
아직 덜 핀 꽃송이 아가씨 두엇은
꽃그늘 아래로 살그머니 들어서다

듣든한 어깨의 아버지와
삶의 옹이 몇 개 가슴에 품은
우리들은 조금 떨어져 구경을 하고,

이 사람 저 사람의 꽃가루
마음 가운데 세우고
홀연
목탁 소리와 향불 내음에
잠기는 불두화

석가탄신 전후에 잊지 않고 피어나는
곱슬곱슬 부처님 머리 닮은
마음꽃

제2부

모과나무가 내게

티격태격
서로의 잣대만 들이대는
모가 나는 사랑
역지사지로
그 매듭을 풀다 보면

산 첩첩 골 첩첩
가로막힌 철조망도
거추장스런 옷 벗듯이 스르르 걷어들고
합수되는, 그 날이 꿈처럼 오리라고

오늘 아침 문득
내 속 뜰에
무성한 잎새 사이
동글동글 둥그런 세상 바퀴 돌리며
들어서던 모과
모과나무

습관과 결혼하다*

바람벽의 심장에 탕탕 못을 치고 걸었던 벽시계
어느 사이 행보가 느슨해졌다 가다 서다 가다 서다
뚝!
그쳐 버린 뒤

무섭다 길들여지고 조정당하며 살아온 날들 갑자기
고삐 풀려나 스스로 자리매김해야 한다는 것이
꼭 물가에 방치된 어린아이 같아서
선운사 도솔암에 이르는 길목에서 문득 어둬의 시커멓게 타 버린 가슴같이
뻥 뚫려 있던 진흥굴 같아서

진흥굴에서 쉴 새 없이 염불이 흘러나오는 것처럼
그 구멍에 무얼 새로 들여놓고 마음의 중심을 세운다는 것에

---

* 사십 세가 지나면 인간은 자신의 습관과 결혼해 버린다는 조지 메러디스의 말에서 따온 것.

자꾸 헛발이 걸려서
녹슨 못 그대로 박아 두고 있다
시선 갖다 대면 와락 붙들고 앉아
좋았던 시절을 귓속 쟁쟁히 메우는 소리 소리로
쥐락펴락하고 있다.

담쟁이

젊은 아버지 치렁치렁

두 아이를 목걸이처럼 매달고

칠월의 골목길을 푸르게 지나가고 있는데

옥잠화와 꽃무릇

9월 공원 갈참나무 밑동 근처에
자칫 발사될 위험의 불씨 안은 꽃무릇과
뿔난 혈기 나근나근 들어 주며 다독여 가라앉히는
하얀 나팔 귀 옥잠화가
어우렁더우렁 피어 있다

쭈뼛쭈뼛 곤두서는 머리칼
단내 나는 목소리로 갈근대며
기어코 발기에 도포하는 고요

그 고요의 이름으로 평정된
오늘이란 수레바퀴를 무심히 굴리며 걷는
발자국의 뒤통수가 가렵다

옥신각신 뒤엉켜 고부라져
불기 식히고 있는
9월의 앙가슴

설악초 맵싸한

어디라고 숨 돌릴 데가 없다
가마솥더위를 끌 타이머가 보이지 않는다

몸 깊숙이 닻을 내려
얼음골 냉기류로 연막 처리
수염에 고드름마저 주렁주렁 매단 채
내 나라보다 더운 나라인데 대접이 이토록 소홀하
더냐
불판에 올라앉은 사명대사 호통 소리

게거품처럼 물었을까
새하얗게 내린 설산의 눈부심으로
내 눈 속 서늘히
뻗쳐 오는
동짓날 바로 그 한기

사랑초

세 잎 클로버를
벤치마킹하였지만
행복이라는
소프트웨어는 담을 수 없었던지
이런저런 행복 빛깔 비스무리
칠하고 칠하여 덧칠하다 그만
자자형 빛 가슴앓이
찍고 말았네
룰룰랄라
감미로운 사랑 노래에
불현듯 일어나는 한 점 의혹
참을 인忍 자 세 개로
방어진을 치는
결코 달콤하지만은 않은
아리고 쓰린,
사랑의 스크래치

가을 숲에서

임금님 귀는 당나귀 귀다
소리치고만 복두장이의 그 풀려 버린 응어리가
가을 산에 번진 걸까
그래서 나무들 끼리끼리 모여 서서
이구동성 입방아 찧는 걸까
찧을수록 붉어지는 그 화제의 현장에
세상에서 가장 재미나는 구경을 놓칠 수 없다는 듯
부나비처럼 뛰어드는 사람들
불티같은 느낌표 한마디씩 날리노라면
두 눈 가득
화염에 휩싸이는 가을
그 화끈거리는 열기에
나도 그만 발갛게 달아오르네
묵혀 두었던 응어리 하나 쑤욱 빼어 물고

노래방에서 벽을 보다

비 오는 흙길 바탕화면에 꿈틀꿈틀 몸으로 쓰는
육두문자 지렁이 모양새로 혀를 꼬부리며 팝송을 부르는 아이들

영어만이 네 삶의 수레바퀴를 굴려 갈 것이다 재갈을 물렸었다

한글 백성으로 한솥밥 먹는 사람들의 노래
국산품처럼 애용하자며 불끈 힘살 돋워 보지만
물색 빠진 끗발이다
글로벌 지구촌의 주민이 되어 버린 너희와
나는 번지수가 달라서

식은 밥 덩어리처럼 나뒹구는 흘러간 가요를 흐린 눈자위로
고르다, 콘크리트 질감의 단단한 벽 이편저편으로 나뉘어
힐끔거리는 저희들과 나를 본다 통역이 필요한 것이다

눈치껏 모두 건너간 횡단보도 앞에서
썰렁 혼자 남아 푸른 신호등 여태 기다리고 있는
외똘내미 쓰디쓴 이 벌罰
내 탓이다

새벽 산사에서

한마디 발원도 하지 못했습니다
나의 바람이 묵은 체증 같아
꼭 낡은 역사의 유물 같아
새날을 맞기에는
너무 고루했습니다
그런 마음 눈치 챘는지
지금껏 나를 중심으로 돌던
지구가 슬며시 내 몸에 듣는 귀 하나만 박아 놓고
저를 엿봅니다
연초록 연막에
자르르 흘러내리는 계곡 물소리
이슬 머금은 산새가 무리를 지어
쿵쾅거립니다
그런 지구의 숨통을 거머쥐고
날뛰어 온 꼴이라니요
그러나 그 숨소리 점점 희미해지는
일주문 밖 한 걸음 옮길라치면
다시 시름없이 두 손 모으겠지요

그러나 지금은 아닙니다
가만 듣는 귀 열어
지구의 변두리 시간을
내 것으로 쓰다듬습니다

죽부인 사랑법

넌
우리 아낙들의 영원한 시앗
밤마다
자귀꽃잎 열었다 접었다
식을 줄 모르는 운우지정 부모 슬하에
아들만 내리 다섯
느닷없는 쉰둥이 동생이라도 두게 될까
대오리부인 손수 엮어 넙죽 아버지께 진상하니
열 계집 마다 않는 사내 마음으로
사랑법 또한 새롭구나
구멍 숭숭 뚫린 바람결로 뜨겁게 요동치던
가슴의 열기를 식혀
불집 이루는 이 여름밤을
적정 온도의 타이머로 환기시키는구나
이렇듯 사랑은
저마다의 빛깔을 살려 조화를 이루는 거라고
본색을 놓치지 않는
차가움으로 뜨겁게 사랑하는
대찬!

거울을 보며

운전석에서 나와
차체를 살피듯 나를 보네
희부연 백미러 수정체는
윈드실드로 암만 내저어도 안개 낀 시야네
몇만 킬로 달리면 교체해야 한다는
무릎 종지뼈
무겁게 나를 지고 자꾸 삐걱댄다
검은 차체에 희끗희끗 내려앉은 서릿발
아직은 늙음을 용서할 수 없는 세월
검게 도색하기로 한다
언제 어디서 누수 될지 모르는 몸체
때마다 땜질로 살아가야 하는 건 어쩔 수 없지
겨울이라
부동액 같은 콜레스테롤 약 한 알로 방제
아무튼 연비가 잘 나와야 해
고속도로를 달려주듯 전속력으로 러닝머신을 탄다
어느 날 문득 닳아 버린 전지처럼 우뚝 멈춰 서
보시하듯 분해되는 몸뚱아리

한번 버리면 다시는 돌아보지 않는다는
망각의 강을 지나
이제 막 출고된 승차감 좋은 새 차로 옮겨 타겠지
싱싱 달리며
그 전의 몸피 따윈 기억도 없을 거야
그러나 지금은 구닥다리 소형차 주행 중
아직은! 이라는 말로 생긋 거울 속의 나에게 웃어
준다

쏜살같은 시간은 없다

개나리 진달래 꽃 진 자리에 찾아드는 연초록 물결, 울울창창 매미 떼 다글거리는 열기, 코스모스 서늘 이마로 받아치는가 억새꽃 하얗게 트는 길 따라 온통 화염에 휩싸인 가을 산, 훌훌 벗어던진 나목 위로 자꾸자꾸 내리는 눈의 영상, 카드섹션처럼 올렸다 내려지고

홀쩍
애송이가 털북숭이 사내가 되는
TV처럼

시간을 단숨에 넘어서는
그런 세월의 비약은 없다고

꿈틀꿈틀
장딴지에 꽃뱀 사리던
회초리
오금을 박는 소리
천지를 진동한다

시간의 수레바퀴는 온몸을 짓뭉개면서 구른다

나도, 나를 사랑해야지

바깥으로만 돌던 오입쟁이 빈 수수깡 몸뚱아리로 결국은 본처에게 돌아와 닻을 내리듯 나도 이제 너를 사랑해야지

공방살이 끼어 그런다고 어머닌 내 바람기를 점쟁이 입을 통해 변명해 주곤 하였지만 쇼윈도 마네킹이 부채질하는 살랑바람 너 아닌 것들의 흘림 속 어디에도 정처할 곳은 없었다

자기를 받아들이는 사람이 어느 누구도 품에 들일 수 있다는 정신의 풍화작용을 거친 뒤에야, 네 그토록 투박하고 무딘 날이 고향 내음으로 갈음할 줄이야,

가로등처럼 밤이면 불을 켜고 기다림의 끈을 놓지 않는 너와 접신하니, 비로소 영과 육 합일되는가

넥타이 고쳐 매듯 거울 속 나를, 너를 응시한다

샴푸 내음 사이로 비가

자르고 싶었습니다
시야를 자꾸만 차단하는 앞머리
'얘야, 아직 세상을 보기에는 어리구나'
지레짐작한 어른들이
손바닥으로 내 눈을 감길 때
나를 모르시네 악마처럼 이를 드러내고 싶은,
겨우 꿇어앉히고 순하디순한
어린양처럼 조아려야 했지
그래, 산다는 일이 땀 벌컥 나는 순간의 일도 있고
지리하게 뻗쳐드는 광기에
온몸 노출되어 사는 일들도 있을 것이다
살갗으로 감겨들어 체화되기를 기대하시는가
조일 듯 숨통이 막혀
슬쩍 손 비끼고 바라보면
별무신통한 꼴 없던 광경들이었지만
그래도 지금은
머리를 자르는 시간
빈 수숫대처럼 쳐내고 싶다

사그락사그락 아파트 화단 풀들
베어 내는 소리 들린 지 얼마 안 되어
누가 하늘의 샤워기 줄 당겼는지
하얀 수국 꽃망울 범벅으로 피고 피우는
샴푸 내음 사이로 비가 내렸다

횡단보도 앞에서

잠시 멈춰 섰다
푸른 날개로 바꿔 달고 활개 치며 걷기 위해

너도 가고, 나도 가고
모두가 함께 가기 위해
열었다 닫았다
숨통 트는 길

부리부리한 눈알 굴리며
단속의 바리케이드 치고 있지만

그리하여
내 길은 변두리로 떨려나가
소름 끼치도록, 외로움의 가시가
골수로 박혀 들지만

먹구름 뚫고 손님처럼
햇살이 찾아들 어느 날

그 푸른 날들에 밑밥을 주면서
나는 연방 파닥인다

제3부

밭[田]

겨우내
묵혀 두었던 땅을
투덕투덕
괭이가 깨워
큰 틀을 잡자
안고 다독이며 키우는 것은
호미의 몫이라는 듯
이랑을 내고
자갈돌 골라내어
부수를 완성하였다
부창부수 손을 모아
함께 쓰는 글자

꽃샘추위

태산을 넘을 각오로 오늘을 조율하는 저 오기

제풀에 풀어져 머금게 될 한 줌의 온기 두려워

지레 빗장을 단단히 지르는 걸까

아직도 건재하다고

시퍼렇게 펼쳐 드는 하얀 질타

난청

도림사 계곡에 가면
수컷 매미들의 울음소리 한창입니다
그 울음들은 여러 해 전부터
내 한쪽 귓속에서 키워 오던 것을
올여름 맞아 분양한 것입니다
그 매미들은 이제 자유입니다
자연의 순리대로 살아가겠지요
청매미가 또박또박 제 푸른 울음 짚어 가면
쓰름쓰름 쓰름매미 싸리비질 소리 켜 들고
맞장을 두는
도림사 계곡에 가면
그 울음에 걸려 세상의 소리 모두 넘어지는
난청의 시간이 확 열려 있습니다
진즉에 매미 떼에게
한쪽 귀를 보시한
어느 사람의 귀울음 소리
아직 말매미는
입성을 못했다네요

장마 그녀

요사이 그녀
내 앞에서 곧잘 속내 드러낸다
뙤약볕 살쐐기 강단 다 어디로 유배 보내 버렸는지
찌푸렸다 개었다 오두방정
괄괄 쏟아 내는 제 울음발 아래 나를 가둔다
내 몸 갈피갈피 젖히면서 속까지 잘 적셔 들라고
그 껍질 안 골방 깊숙이, 마른 한 평 땅
정신까지도 침윤하고 말겠다는 듯
우르르 쾅쾅 포효로 일갈하다
웃비로 물러난다
전열을 재정비하면서도
놓칠 수 없는 숨결처럼
우중 속이
그녀의 본래 진면목이었다
가득가득
비 냄새로 팽창하여
온 세상을 가두리 하는 그녀

방심에서 역사는 시작되는가

수요장터에서 사다 놓았던 무가 독소처럼 퍼런 싹을 내었다
희멀건 젖통 같은 몸뚱아리 텅텅 비워 내며 삶의 벼랑에서 힘껏 노를 저은
것이다

헤벌쭉 벌어진 검은 비닐 사이로 비쳐 드는 빛줄기로나 연명하던 그네
어느 날 문득 사형수 감방 앞에 멈추는 구두 발자국 같을 내 손 탈 날의
몸서리를 한 꺼풀 껍데기 입고 살아왔을 그네

다 쑨 죽에 코 빠뜨리듯
내 방심을 먹고 방심의 땅에 비집고 들어선
저 어린 생명의 새카만 눈망울을,
꿀떡꿀떡 잘도 넘기는 아가의 입을
제 어미에게서 떼어 낼 수 없다

살아가는 것의 지엄한 무게
생과 사의 저울은 언제나 푸르름 쪽으로 뻗어 있다

젖 먹던 힘을 뽑아 시퍼렇게 인공위성처럼 쏘아올린
불빛 불빛

망초꽃 자리

얼음발로
봄을 이야기하던 매화처럼
치렁치렁 푸른 가지 늘어진
오뉴월 땡볕 한복판에서
망초 서늘향 피우네
그 길 따라 들어서면
보이지 않는 어느 귀퉁이에선
코스모스 한들거리고
저만치 앞서 요령 소리라도 울리는지
상여 뒤를 따르는 상복 입은 사람들처럼
줄지어 북망산 오르는
억새들
물커덩 감자알처럼
죽은 이들의 행렬이 딸려 나올 것 같아서
급히 책장을 덮어 버리듯
눈 가득 푸른 하늘 푸른빛으로
갈마들이는 세상 밖 시간
들이는 시간 밖 너

풍설風雪

춥고 고픈 배 속
움켜쥐고
까마귀 모르게
제삿밥 얻어먹으러
이리저리 몰려다니는
한 무리 백의白衣의 망령들

허수아비는 참새를 부른다

왼 가을 들녘을 다 차지하고서도
행여 독의 곡식 축날까
놀부 심보로 지키고 섰다고들 하지만

다만 새 몰이의 춤사위로
짭새가 되어 참새를 쫓고 또 쫓아 보지만
우린
지구 밖에선 살아갈 수 없는
공존의 법칙 속 공동운명체

내 가슴 안
이쪽저쪽으로 옮겨 앉으며
몰아붙이는 틈새 노려 배 불리거라

오늘도
슬픈 이정표처럼
저 있는 곳 먼저 들키는
들켜 버리는
허수아비의 너무도 허술한 파수

갈대의 변명

바람의 동향을 알고 싶어
오늘의 이슈에 잠시 잠깐 몸 맡긴 것뿐인데
흔들흔들 흔들린다고? 흔들리며 산다고
쉽게 단정 지어 버리는 인식의 한계,
구렁이 담 넘어가는
세상살이 묘수도 제법 나이테로 마디져 있다
언젠가는 홀로 설 꿈 꾸고 있다는 것을,
그 꿈 언저리를 세상이 기웃거리고 있다는 것을,
눈치 채는 이 있을까
보이는 것밖에 보여 주지 못하는
하얗게 부려지는 슬픔

복자기*

물기 마를 새 없었네
노역에서 놓여난
방망이처럼

바지런한 살림 냄새
지독하게 뿜어내는
트고 갈라진 손등

* 나도박달나무.

그늘진 곳은 언제나 소란하다

비의 손자국 좍좍 시퍼렇게 줄이 간 바람벽에 빛이라야 부엌 창으로부터 새어 드는 것이 고작인, 눅어진 셋방 같은 7월 숲속

시절을 지났어도 여전히 허기진 배 움켜쥐고 뽀드득 소쩍새 이빨 갈고, 가슴 짓찧으며 목청 높이는 찌르레기, 응어리 한 가닥 뽑아내려다 잠겨 버린 목울음의 뻐꾸기, 이 말 저 말 문지르며 끼어드는 직박구리 둘레둘레 앉아 내놓는 이야기라야

탯자리에서만 빙빙빙 돌고 돌다 다시 들여놓는 발

시원한 바람 들여 숨통 틀 일 쇠문처럼 굳게 닫혀 버린 일인지

몇 겹의 조각보에 둘러 씌워 꽁꽁 숨어 있는 산골 오지의 동네 조무래기들처럼 시근덕거리는 사이로 이제 곧 끊겨 버릴 수도꼭지처럼 뚝뚝 빗방울이 굴러 내린다

서늘히 닿는 이 바람

한여름 땡볕 철권통치
말복 저쪽 변방의 풀섶에서부터
조심스레 일던 기운
그 모반의 무리
점점 좁혀 드는 포위망에
도심으로 몰려 버린 매미 떼
목소리 큰 사람이 이기는 빌딩 숲에서
앞만 보고 걷는 이들의
정직한 귀 하나 일으켜 세우지 못하고
제 울음의 역량에
그만 내려뜨린 어깨
그 어깨를 젖히고
내게 와서 닿는 살가운 바람
세상의 중심에 닿기 위하여
서서히 불어넣던 입김이었다

프린터 저 여자

자궁만 빌려주는 대리모인지 몰라

시험관에서 수정된 기억의 정자들을 스풀러라는
자신의 해마에 착상시킨 그녀
모체에게는 암 덩이 같을지 모르는 생명들을 아니
싱싱한 남의 기억들에 하나하나 씨톨을 박다
어미가 딱딱해서 독소를 빼내야 제 영혼이 잠잠해질 수 있다는데
늪가의 키 큰 부들이 스스로 제 몸의 몽둥이에 맞는 것처럼
몸부림 같은 산통을 치르며
먹은 만큼 토해 내는 성마른 그녀
지금
누에고치처럼 줄줄줄
하얀 기록들을 해산 중이다

한 번도 수태해 보지 못한 석녀
제 아이는 끝내 못 가질 여자

한 생명은 국가보다 무겁다

— 고 김선일* 님의 명복을 빕니다

'저이처럼 내가 저렇게 된다면……'
어찌할 거냐고
당돌히 묻는 아이에게
태산같이 자리하던 애비의 듬직함도
마음 굽어 살피는 어미의 잔잔한 눈길도
못갖춘마디의 나는 잠깐 비관한다
(그러다 막 비쳐 드는 TV의 영상을 보고)
기도는 할 수 있겠다
기도는,

그의 핏빛 절규 속에
차마 잠들 수 없던 우리의 밤은 깊어 가고
새벽은 오고 오고
요행이라도 바라던 마음
무참히 짓밟혀 버리고

* 미 군납업체인 가나무역 직원 통역원으로 이라크에서 활동하다 2004년 알자르카위 소속 무장단체에 피랍, 끝내 참혹한 주검으로 발견됨.

‘마이크 갖다 대지 마라
말로 어찌 그 슬픔 감당하랴’

11월

울긋불긋
꽃상여 나가고
상갓집
한 생의 파장 무대
뒤끝을 싹싹 비질하며
고인의 남은 옷가지
마저
불사르는 진혼
삼우젯날같이
서글픈

제4부

겨울나무 까치집

유형의 밤이 깊다

북풍한설 네거리에 저를 매달아

혹독한 형벌로 닦아세우는

여자 열매

금방 바스라질 것 같은
여릿한 몸피
그러나
몸이 달아오르면 기어코 발병하고야 마는
타고난 도화살로 세상 바람 불러들여
밤마다 치마끈 푸는 걸까
홀랑 아랫도리 까발려져
멍울멍울 낭자한
꽃 진 자리
들켜 버린, 들키고도
아무렇지도 않은 여자
내 남자의 잠 속까지
올빼미 눈알 굴리게 하는
여자, 아닌 여자
女子가 아니어서 다행인

개망초 어쩔 수 없는

식어 빠진 열기로 겨우
버티고 선 한길 가 빈집 마당에
우두둑 모여든 개망초 무리
허명뿐인 간판마저 내리라고
닦달 아닌 생떼
그 본성 어디 갔을라고
철도 침목에 묻어 들어와
경술국치 바로 그해 나라 잃어
추스를 새 없던 백성들의 몸과 마음 빈틈마다에
비집고 들어섰다던 개망초
어디로든 날아가 뿌리박고 사는 곳이 내 조국
내 땅이라고 큰소리 이면엔 얹혀산다는 가슴앓인
항시 있어 가난한 백성들의 배고픈 속내 달래어 왔다!
개과천선 꿈꾼다 했더니
'개' 자가 접두어로 붙은 성씨답게
진짜보다 더 진짜 같은 망초의 향내로
역사를 증언하는가

망할 때 피어 망초꽃이라는 턱
끝내 못 벗어던지는 네 행동반경
화해라는 말로 선뜻 손 건네지 마라

은행나무의 4월

사물놀이패처럼
벚꽃들 우르르 몰려와
콩콩 지신밟기
터다지고서야
고목나무에 움트듯
제 몸의 봄에 시동 거는 나무
날로날로 창성하는 푸른 기심으로
봄 가슴 한복판을 관통하니
너로써 칠색팔색 세상은
가닥을 잡았구나
네 가는 저 길 모퉁이에선
벌써 번데기인 매미가
퉁실해지고 있다

설거지를 하면서
— 물에게

기름때 전 프라이팬
먼저 키친타월로 닦아 놓는다
태양표 김칫국물은
잠깐 고민하다 줄줄 지하로 흘려보낸다
(소주잔 한 잔 정도 김칫국물에 이만 팔천사백 잔의 희석수가 필요하다고?)
먹고사는 일 모두가
이처럼 흠집 내는 일이려나
세제 거품 박박 칠하여
절벽 가슴들
다그치노라면
이중 삼중 고해에
빠져드는 나의 양심은 별빛일까
너를 더럽히며
사는 죄 많은 이 손때
차마 사랑한다는 말 못하겠구나

풍선꽃, 철들지 못하는

거품의 파고에 치여 사는
허파에 바람 든 사내가 바람 바람 꽃피우고 있다

눈에 콩깍지가 씌워야 팍팍한 제 길을 나긋나긋 갈 수 있다고
사랑의 씨앗 세 알을 무슨 기름종이에 적어 놓은 문서처럼 꼬깃꼬깃
심장 깊숙이 찔러 넣었다

방금 몸 푼 산모의 핏물 홍건한 노을 저편에
초저녁달이 서느럽게 떠 있는 하늘가

빵빵하게 바람 불어넣은 풍선에 바늘을 갖다 대고 싶어 저려 오는 손

철썩철썩 밀려오는 바닷물 소리에 몇 번이고 헹구며
간신히 저지하는 마음의 끌탕 모른 채
내 앞에서 푸를 청靑 허풍 떠는 사내

대나무 너를 보고 있으면

코카서스 절벽에 묶여 날마다 간을 파먹히면서도 끊임없이 바위를 끌어올리고 올리는 프로메테우스의 형벌 자욱이 곤두서 있고

하루에도 몇십 채씩 기와집 짓고 부수며 다가오는 파고를 절벽 끝 외로움으로 다스리는가
허위단심 살아온 날들을 텅텅 비워 내고 마디를 맺는 비었으나 꽉 찬 滿

자칫 곤두박질칠 수렁 아찔한 경고음을 사잇소리로 틀어 놓고 시퍼렇게 부릅뜬 눈빛으로 제 생의 깃발 세우는 죽비 소리
창 창 하 다

설날 새벽에

가운데 방에는
조물조물 나물 잘 무치는 큰동서와,
알콩달콩 살림 맛 배긴 손톱 막내동서가,
큰방에는 시어머니와
늦게까지 TV 보는 아이들과
숨 고르는 바로 밑동서가,
외풍 잦은 동쪽 방에는 시아버지가
아들들을 데리고
두런거리다 잠이 들고

마당에 들여놓은
묵은 발자국
살포시 지워지고 있다
초침 소리로
귀울음 낳고 있는 신새벽

접시꽃 내 꽃자리

개구리 울음소리 짙푸르러지던 어느 6월
훌쩍 키 넘어 핀
야살스러운 빨강 접시꽃 아래에서
고진하게만 보이는
모시적삼 하얀 꽃잎 바라보며
저것은 이 꽃보다 예쁘진 않지만
말씀하시던 할머니
적백논리 만큼이나 대립각을 세우던
할머니와 시어머니 고부 사이에
이제 마악 신대륙에 첫발을 내디딘 듯
허공을 헤매는 내 시선의 나침판
'내년엔 분홍도 필 거야'
그 후로
오래도록 어리둥절 좌표를 잃어버리고 표류해 있었는가
오늘 아침 불쑥
하얀 접시 위에 핏기 어리듯
이제야 부팅하는 내 서툰 착지

한식 날에

생시에 할아버지 좋아했던
막걸리 사 들고 선산 가서 엎드려 찾아뵙고
마을로 내려와
이 없으신 시부모님 앞에 생굴이랑
두부 반찬이랑 부드러운 음식을
앞앞이 놓아드리며 점심 먹을 때

내 친정어머니 생각했다
출가외인의 외길 걸어
어머님 이제 집안의 얼굴로
대물림되셨는데

간간히 가슴 열고
눈빛 흐려지시던 어머님
동병상련 내 모습
풀빛 연한 마음으로 다스리더니

오늘은 당당히 자리하고 앉아

집안 내력을 꼽고 있는 어머님의
저 오래된 세월

얼마의 풍화작용을 더 거쳐야 이를 수 있을까
진달래 둘러 핀 무덤가에
막 착지한 제비꽃 한 그루의
마음이나 헤아려 볼까

치매꽃

한 줄기 어르는 바람에
그만 열고만 가슴일까

뜬금없이 피어난
저 가을의 뾰루지
넝쿨장미 한 송이

닳아 버린 가시발톱 치켜세우고
지는 잎 돋우어
어디쯤 헤매고 있을까 지금
온몸 감아 오르던 오뉴월 햇살

추운 듯
웅크려 핀 네 모습에서
나는 자꾸만
떠날 때 떠나지 못한 자의 비애만
쓰다듬고 있는데

뜨거웠던 젊은 날의 치기
꽃불처럼 켜든
노망꽃 한 송이

이런 봄날에도

산수유 목련이 눈을 뜬다
조금, 더
더 크게
벙그는 사이
봄은 익어
벌써 밑을 차고 올라오는
푸른 물살이 일고 있다
오직
생성하는 일에만 몰두하는
어느 변두리에선
지난가을 미처 떨어뜨리지 못한
바스락 낙엽 한 잎
한 생의 검불이
사그라들고 있다
누구도 눈여겨보지 않는
생의 외진 뜨락에선
끝없는 계절을 가리지 않고
순환을 한다

몽당연필처럼 당신의 몸뚱아리로
써 내린 당신 일생에 마침표 찍고
그림자조차 조용히 거둬 가신 어머니

한통속으로 묶이는 소리

윙윙윙 보일러처럼 잘 돌아야 할 봄날에
급히 째고 꿰매어야 할 탈이 났는지
앰뷸런스처럼 빨간불 번득이며
아파트와 주택 사이 가르맛길로
포클레인과 인부 몇이 부려진다
생의 복판이 뚫릴 때마다 꽝꽝꽝 굉음 소리
움찔움찔 살과 귓속으로 파편처럼 튀어 박히는데
두터운 화장발 같은 시멘트 포장 낯짝
유적지처럼 개복하여
은밀히 숨겨져 있던 너와 나 하나로 아우르는가
철심 동맥 시원한 배 속처럼 바람을 쐬는가
잊을 만하면 한번씩 제 속 뒤집어
따스한 살갗 만져지는 한동네 사람
한동네 사람의 흙가슴으로
연줄연줄 들러리 서는 내 하루의 뒷심

겨울날의 안부

각자 서로 잘 있기
제 한 몸만으로도 버거운 시절
내미는 손 없다고 투덜대지 말기
꿀꺽 삼키기에 바빠 아직도
날것인 채로 남아 있는
지난날들의 체기
반추동물처럼 곰곰 씹어 되새김질하기
그래서 단단해지기
말하지 않아도
삶의 최전방인 여기
겨울 저놈도 지가 지겨운지
가슴 활짝 열고 봄바람 솔솔 풍기는
기미 일부러 눈치 채게 하는데
그때 선뜻 마음의 빗장 열었다가
꽃샘추위에 갇혀 그나마 운신해 온 진기
죄지은 여자의 머리카락처럼 다 쥐어뜯길지 몰라
꽃향기 윙윙 대는 춘삼월 그때에나
문밖 출입하여 어깨 두드리며

우리 서로 인사하는 그때까지

그때까지

기압골 증후군

그와 접속한다

간단히 좁혀질 수 있는
하늘과 하늘의 만남

그는 내가 아침밥을 할 때도
몸살을 앓을 때도
마우스로 휙, 휙, 사이버를 날았다

메신저를 띄워도 기별이 없다
위층 싱크대에서 들려오는
딸가닥거리는 소리만이
길게 매달린다

뜨지 않는 주소창 입력기가 무척 낯이 설다
그가 비워 둔 오작교

제5부

새만금 지금 지문을 바꾸는 중

파도도 노을도 버리고
뻘밭을 짓이기던 추억도 지워 버리고
어느 들녘의 중심이 되어 팔자를 고쳤다는
홍해 주산 나뭇개
이들의 과거로 현재로
새만금 너의 미래를 점쳐 볼 수 있으려나
아득한 어느 세월 갯벌이었을 그곳에도
분명 백합, 죽합, 꽃새우 등이
활개 치며 붙박이로 살고 있었겠다
그때도 느닷없이 닥친 불상사처럼 뚝 끊긴 바닷물에
바싹 가뭄에 타들어 가쁜 숨 헉헉대다
하얗게 배때기 뒤집고,
날아들던 도요새도 같이 비워 낸 자리
정복자의 선봉장처럼 그 자리 차고 들어선
나문재 칠엽초가 소금기 가셔 내는 너머엔
벌써 복슬복슬 강아지풀 꼬리치며 들이닥쳤겠다
이름으로만 전신前身을 기억하는 그곳
또랑에서 잡아 낸 민물우렁으로

오늘 아침 끓인 토장국에선
어떤 기척도 느낄 수 없는 바다
그런 물을 기치로 바라야 할 세월만
좌초된 난파선처럼 흐느적흐느적
묵시하고 있었다

무궁화

얼마나 뜨거운 숨 삼켜야 했는지
헹가래를 당하면서도
꿋꿋이 견뎌 온 저 인내 속
아직도
지우지 못한
오랜 역사의 농간을
하얗게 떨치고 일어섰다
오뉴월 길섶에
서리 내리듯 새하얗게 피어
눈맞춤 하는
꿈에도 못 잊던 임
그대 배달의 미소여

무위사

염불을 한다
느닷없이
목탁이
풍경이 운다
너와 나 사이에 공방살이 들어
살얼음 도는 세월
소리를 불러내어 소리를 친다
그러나 파장은 없고
이내
너울 깊이
가라앉는 침묵

삶이 이토록 조촐하니
빼고 보탤 것이 무엇인가
나고 죽음이
하릴없다
떴다 감은 눈에 펄럭이는
흰 구름의 바라춤

만일사 자귀나무

더불어 사는 것이
너와 나 모두 푸르게 사는 길이라고
만일사 대웅전 옆 자귀나무
옥죄이는 더부살이를
생의 중심에 묻었다
갈망으로 풀어 쓴
상생의 빛
그 뜨거운 발원의 현장에
적셔 드는 만일의 기도
(조선의 건국을 발복했다는)
무학대사의 시공을 가르며
들려오는 천근 목탁 소리
그때부터
하나 되기 위해
불면의 한반도 밤마다 뒤척였던 듯

선운사 천마봉에서

승승장구는 없다는데

오르막길 돌아서면
내리막이라는 복선을 두었을까
계곡 따라 간신히 오르는 숲길
엎치락뒤치락
제자리걸음
반복의 지루함에 찌들었다
찌들었다 싶었는데 문득 다가선 고지
해 뜨기 직전의 어둠처럼
눈썹 바로 아래가
어느 때보다 더한 고비라고
도솔암 이정표 슬쩍 비켜서던가
아슬아슬 수직의 급경사 계단 길
건네주고
홀로 우뚝한 천마봉

정상은 햇볕이었다

그 햇볕 여기에 다 모아 두고
저 아래 세상에서 나는
그늘로만 떠돌던
음지식물이었다

무거운 오수午睡
— 백양사에서

바위가 돌거북이를 안고
낮잠을 즐기고 있다

물속 바위에 거북이 한 마리
거꾸로 매달려 있다

중생이 던지는
돌팔매질에도
깊이
깊이
잠입하는 골돌

이 뭣 고?*
부모에게서 태어나기 전 생을
탐색하는 중일까

수없는

---

* 본래면목 즉 부모에게서 태어나기 전의 나를 참구하는 화두.

자문으로
한낮을 데우는 열기

내소사에서

'사는 것이 이런 것이다'
싸하니 쏟는
전나무 향기

다운시프트 다운시프트

세상의 눈금
한 자리씩 물리는 소리

다운시프트 다운시프트

묵언수행 중인
수도자의 향기로
피어나는 향불도

다운시프트 다운시프트

능가산 골짝골짝

곰돌 되어 내는 소리

다운 다운시프트

백담사 돌탑의 기원

야단법석
백담사 계곡에
옹기종기 모여 앉은 돌탑들

품고 있기엔 마냥 무거워
아예 가슴에 묻어 버린
마음의 태아령이다

그 어린 영혼들이
동자승의 모습으로
옹알옹알 잠덧하고 있는 걸까

비원처럼
어긋나 버린 한 생의 슬픔
벗어나지 못한 고리의 집착이
이슥고 석상의 꿈을 꾸는 것일까

시원한 물소리로 다시 태어나

저 마을에 닿고 싶은 건지도 몰라
이따금씩 불어오는 바람의 갈망에
오늘도 귀가 간지러운
품 안의 미아들

소록도

가도 가도 황톳길 숨 막히는 더위뿐인
전라도 길을 발가락 하나둘 떨구며 간다
아무 생각 없이
사람들 속에서 사람들과 북적이며
사는 내 별일 없는 날들의
걸개 그림 속에서
한하운이 보리피리를 분다
그 파장으로 두세두세 일어서는 파란 들
쇠철창 감금실 빨간 벽에
'어구래서 잔잔' 을 피칠갑한 빠삐용의 모습으로 쓴
25세의 이동李東이 단종대에 누워
손자를 보겠다던 어머니의 바람을 꺾으려
제 국부에 닿는 차가운 메스에 전율한다
사람도 아니다 짐승도 아니다
꽃도 꽃대도 마음대로 피울 수 없는
그대로 밟히는 벌레다
아름다움 속에서도 아픔을 볼 줄 알아야 한다는데
무논의 개구리 울음처럼 와글와글 들끓는 소리로

상소하듯 폴짝 하늘 향해 뛰어오르는

섬 작은 사슴 한 마리

터진 역사의 솔기 사이로

점점
밝아 오는 영등포 역사歷史

이곳저곳 구석에서
얼핏 잠들었을까 말까 노숙자들 한 떼
그들의 등딱지에는
초상집 차일 뒤편에서
비 풍 초 밤샘하던 화투패들의
노곤함 같은 것이 진득진득 묻어 있습니다

눈 비비며 깨어나는 가게들의
분주한 손길들 사이로
슬렁슬렁 아침이 본진에 오를 무렵
날은 정수리 위로 돋아나고
그사이
바퀴벌레처럼 산지사방으로 흩어져 버린
노숙자들

그들 중 두어 마리
음습하고 축축한 민달팽이 몸뚱아리로
햇빛 좋은 담벼락에 기대어 앉아 있습니다

코 풀고 버린 휴지처럼
그들이 비워 낸 자리엔
펑펑 화사한 빛살만이 가득합니다

외다리에서 만나다

두승산 기슭의 정읍 상학마을 초입
초병처럼
느티나무 우듬지 까치 내 낯선 행색 벌써 파악했는지
검은 헝겊처럼 펄럭이며 짖어 댄다
아니다 아무도 아니다
(뉘네 집에도 닿지 않는 손이라고) 기별을 놓자
터줏대감 귀목나무 슬쩍 비켜 앉았고
옮겨 놓는 내 발걸음 따라 이 집 저 집 개들 울안에서
경경 짖으며 헛간채가 있는 고샅으로, 구불구불 미로 같은
강담길로 나를 내돌렸는데
한번쯤 나그네 발자국 소리로 왔던 개장수 기억이 있는지
젖 탱탱 분 어미 개 한 마리 돌아 나오는 어름을 사생결단으로
앙칼지게 막아선다
온 동네 개들이 새끼를 낳은 듯 한 발자국도 곁을 주지 않는다
짖는 소리에 갇혀 오래 길이 보이지 않는다

나제통문의 꿈

어느 순간 총부리가
가슴에서 내려지고
휴전선 철조망도 걷히었다

이미 왕래 자유로워
윗마을 아랫마을 버스가
거침없이 드나든다

분단의 역사 몇 줄로 남은
JSA
그 담백한 기록이 바랜 채
관광의 모퉁이에 놓였으니
애써 기억하려는 사람들의 핏대가
가끔씩 올라갔다 내려올 뿐

일장춘몽일까
치유된 기억으로 남아
통일로 가는 길목을
조심스레 타전한다 신라와 백제

화순 공룡화석지에서
— 발자국

조랑조랑
이쪽에서 저쪽으로
진흙벌 이개며 걸어간

다만 발자국으로 꿈틀거리고 있는 공룡
일억 육천만 년
백악기의 바람을

닿을 듯
저만치 뒷모습으로
앞서 걷고 있다
내 생 뒤쪽

어딘가에 후두룩히
찍혀 버린 우두 주사 자국처럼
오래 꼬리를 물고 있을
어느 날의 너무도
선명한 그림자

지울 수 없을 바에야

휴전선 육백 리에 눈이 내리면
너나없이 써 보는
우리의 가장 큰 소원
하나 된 조국의 이름을 본다
지울 수 없을 바에야
가슴에 묻고 살라고
마물러 두었던 가여운 눈짓들의
신명 난 어깨춤을 본다
지난밤 아버지 꿈속에 찾아들어
한바탕 전쟁 북새통 치르고
어머니 심장병 약 드시는 아침도
아득하게 멀어져 가는 뒤안길이던가
덕담으로 어루만지는
조국의 아픈 허리
휴전선 육백 리에
음력 섣달 강추위
하늘에 제사 올리는
부여 영고 둥둥 북소리

선창 후렴구 읊으며
남과 북 서로의 체온으로
따뜻하다

이 겨울은 언제쯤 끝이 날까

금남로는 오늘밤도 쌍쌍으로 붐볐고
민주노동당의 용산 참사 진실 규명 신문고
마이크 확성기를 통해
오가는 행인들의 발걸음 종종 멈추게 했다
그 속에 쌀의 뉘처럼 섞여 들어
먹자골목 판에서 국수 한 그릇과
구운 닭발 한 접시로 허기진 배 따끈 채웠지만
얼음 낀 마음은 어쩌지 못했다
쿵!
자갈밭에 짓찧은 마음
이력이 생겨 굳은살도 박일 법한데
매번 상처는 칼끝으로 스치는구나
어디로도 출구는 보이지 않아
조급증을 부채질하는데
또다시 주저앉아 혓바닥에 백태나 덧얹어야 하는가
바싹 움츠리며 걷는 걸음마다에
설움의 고드름이 드럭드럭 맺힌다
다독다독 제 가슴 다독이던

내 안의 소리조차 살쾡이처럼 발톱을 세우는구나
흉측한 괴물의 눈구멍, 초승달 옆
금성이 토해 내는 싸늘 기류에
동태가 되어서 오늘도 나는

골리앗의 구조*를 보다

저희끼리 오순도순 잘 살고 있는 그들의 땅 개미의 소굴에 무단 침입했던가 지리산 휴게소 한편 소나무 그늘 아래 잠깐 들어 쉬어 가려 했더니 여기저기서 항의 시위라도 벌이는 듯 개미들이 새카맣게 모여든다

고시레! 시선을 따돌리기 위하여 저만치에 급히 비방책으로 과자를 뿌리지만 제 등치의 과자 부스러기를 이고 지고 일인시위라도 벌이듯 알짱거리는 놈도 있고 소인국에 온 걸리버 같은 내 몸뚱아리를 능선 넘듯 기어올라 기어코 정상에 저들의 깃발 꽂으려는지

맞불작전으로 폭풍을 동반한 뇌성벽력을 입김 불기와 툭툭 자리를 쳐서 혼비백산 까무러치게도 해 보지만 별무소용이다 포름산 풍풍 풍기며 막무가내 달려드는 개미들

조상 대대로 터를 누르고 살아온 땅, 한 칸 방도 얻을 수 없는 보상으론 물러날 수 없다는 구호 내 귀에

들리는 듯

언젠가 시내버스에서 본—광주광역시 개발 악법 저지
광주 양림동 철거민 대표 협의회—피켓을 내 발치에
내려놓던 그네도 개미였을 것이다
나도 한 마리의 개미로 살아왔으니, 동족의 심정을
헤아릴 줄은 알아

소나무 아래 솔솔 불어오는 바람 속에서 급히 발을
빼었다
소란하였을 그들의 정국도 지금쯤
안정화되었으리라

---

* 일산 풍동 철거는 2004년에 있었고 양림동 철거는 2005년에 있었던 일이라 그냥 〈골리앗의 구조〉라는 영화를 끌어들였다. 〈골리앗의 구조〉는 2004년 5월 일산 풍동에 있었던 철거민의 이야기를 다룬 다큐멘터리 기록 영화다. 일산 풍동 철거민들은 생존권과 주거권을 지켜 냈다. 여기서 '골리앗' 은 재개발에 대항하여 주거권과 생존권을 지켜 내기 위해 쌓은 망루를 말한다.

여성적 주체의 자각과 포용의 의지

서 안 나[1)]
(시인)

1. 주체의 자각과 은폐된 여성들

허소미 시인의 시집 『먼 먼나무』는 자아의 부재를 각인하여 자아 찾기를 시도하는 여성적 주체의 의지와 그 의지의 발현으로 겪어야만 하는 갈등과 포용의 세계를 다루고 있다. 근대 이후 한국의 여성들은 남성 중심의 담론 속에서 지워지거나 삭제되어 주변화된 존재들이었다. 모성의 완성을 미덕으

1) 1990년 『문학과 비평』 겨울호 신인상 등단. 시집으로 『푸른 수첩을 찢다』, 『플롯 속의 그녀들』, 『현대시와 속도의 사유』가 있음. 현재 한양대 협성대 출강.

로 강요하는 모성 이데올로기의 그늘에서 가족을 위하여 헌신하는 타자의 삶을 살았다. 자신의 주체적인 삶을 지향하기 위한 여성들의 몸짓이나 목소리는 공적 영역이 아닌 사적 영역으로 축소되거나 은폐되었다. 또한 남성 담론의 중심 속에서 가정 내 여성들의 노동력은 비창조적이고 가치절하된 노동력으로 취급받곤 했다.

하지만 여성적 주체의 자아 찾기 과정은 모성의 완성을 강요하는 가부장적 이데올로기와 부딪치면서 갈등을 수반할 수 밖에 없다. 모성과 자아실현이라는 양립 불가능한 경계에서 여성 화자들은 힘겨운 싸움을 해야만 한다. 허소미 시인은 시집에서 자아 찾기를 실현하려는 여성들의 고뇌를 날카로운 시선으로 포착하고 있다.

> 바람벽의 심장에 탕탕 못을 치고 걸었던 벽시계
> 어느 사이 행보가 느슨해졌다 가다 서다 가다 서다
> 뚝!
> 그쳐 버린 뒤
>
> 무섭다 길들여지고 조정당하며 살아온 날들 갑자기
> 고삐 풀려나 스스로 자리매김해야 한다는 것이
> 꼭 물가에 방치된 어린아이 같아서
> 선운사 도솔암에 이르는 길목에서 문득 어뉘의 시커멓게 타 버린 가슴같이
> 뻥 뚫려 있던 진흥굴 같아서
>
> 진흥굴에서 쉴 새 없이 염불이 흘러나오는 것처럼

그 구멍에 무얼 새로 들여놓고 마음의 중심을 세운다는
것에
자꾸 헛발이 걸려서
녹슨 못 그대로 박아 두고 있다
시선 갖다 대면 와락 붙들고 앉아
좋았던 시절을 귓속 쟁쟁히 메우는 소리 소리로
취락펴락하고 있다.

―「습관과 결혼하다」 전문

일반적으로 집이란 공간은 내부와 외부를 가르는 경계이며, 인간의 탄생과 성장이 이루어지는 가장 기초적인 공간이다. 시대에 따라 문학 작품에서 집은 다양한 함의를 지니고 변주되어 왔다. 사회적 영역이며 동시에 개인적 공간이란 이중적 특성을 지닌 집은 여성에겐 계급적 서열화가 이루어지는 억압의 공간이기도 하다. 또한 여성들이 자식의 양육과 가족의 건강과 안위를 위하여 노동력을 제공하는 소모적인 존재로 주변화되는 공간이기도 하다.

이 시에 나타나는 시적 화자 역시 가정에서 주부의 역할 혹은 어머니의 역할을 충실히 수행하면서 살아온 존재이다. 그러나 어느 순간 자신을 되돌아본 시적 화자가 깨닫는 것은 자신의 삶이 "길들여지고 조정당하며 살아온 날들"이라는 것뿐이다. 일상에 매몰되어 습관적으로 시간과 생을 소모했다는 시적 화자의 고백은 곧 주체적인 삶이 아닌, 타인의 시선에 길들여지고 조정당하며 살아온 나날에 대한 자각이다.

여성적 주체를 자각한 시적 화자는 기대감과 동시에 "고삐"

에서 풀려나 스스로 자리매김해야 한다는 두려움도 품고 있다. 이러한 두려움은 "진홍굴"이라는 대상으로 구체화하고 있다. 주체적 여성으로 거듭나기 위한 과정에서 양가적 감정을 경험하는 시적 화자는 "새로 들여놓고 마음의 중심을 세우"려 시도하고 있다. 이때의 "중심"은 곧 자기 찾기이며 중심을 찾으려는 주절거림은 곧 여성적 주체로 자리매김하려는 시적 화자의 끊임없는 자기 정체성의 탐색과 확립의 의지이다.

겨우내
묵혀 두었던 땅을
투덕투덕
괭이가 깨워
큰 틀을 잡자
안고 다독이며 키우는 것은
호미의 몫이라는 듯
이랑을 내고
자갈돌 골라내어
부수를 완성하였다
부창부수 손을 모아
함께 쓰는 글자

—「밭[田]」 전문

시의 제목인 "밭[田]"은 자기 정체성의 부재로 황폐해진 시적 화자의 내면을 상징한다. 방치해 두었던 밭을 경작한다는 것은 곧 시적 화자가 내면을 가다듬는 행위를 통해 더욱 주체적 인식을 지닌 "자기 세우기" 시도라 할 수 있다. 시적 화자는 "자기 세우기"를 시도하는 과정에서 자신 안의 헝클어지고 분산되었던 힘을 불러내어 흔적으로만 남아 있던 자신의 목소리를 확연하게 드러내고 있다.

> 그렇게 사람을 비워 내고
> 집 저 혼자
> 그렁그렁 지내는가 했더니
> 빈 땅이면 어디라도 찾아드는 잡풀들에게
> 조금씩 잡아먹히더니
> 억새풀들 그 질긴 근성에
> 지붕 꼭대기까지
> 내주고 말았으면서도
> 마지막 보루처럼
> 문패는
> 이름 석 자를 놓지 못하고
>
> —「빈집」 부분

시에 나타나는 집은 사람이 일상적으로 생활하는 생활공간이 아닌 모든 사람과 삶을 비워 버린 "빈집"이다. 잡풀에게 조금씩 잡아먹히면서 억새풀이 가득 자라 지붕까지 점령당한 폐허의 공간이다. 그러나 이처럼 피폐해진 공간으로 변모한 "빈집"이지만 문패는 절대 놓지 않고 있다. 그 문패에는 자신의 존재를 알리는 이름 석 자가 쓰여 있기 때문이다. 즉 문패에 적힌 이름 석 자는 시적 화자의 존재 의미를 상징적으로 드러내고 있기 때문이다. 곧 "빈집"은 가족을 위해 모든 노동력을 투입하고 소모되어 버린 황폐하고 퇴락한 빈집과 같은 시적 화자와 동일시되고 있다. 시적 화자의 자아 정체성을 훼손하던 존재들을 집을 휘감아 도는 잡풀과 억새로 이미지화하고 있다.

하지만 가족을 위하여 자신의 젊음의 열정과 싱싱한 육체를 소진해 버려 존재감이 희미해진 "빈집"과 같은 시적 화자는 그 극한의 상황에서도 자신의 이름이 담긴 문패를 놓지 않고 있다. 이는 시적 화자의 주체적인 삶을 살아가려는 강인한 의지를 강조하고 있다. 자아실현과 모성의 실현은 다르다. 모성 실현에 완성했을지라도 자아실현의 부재가 곧 "빈집"이며, 이는 시적 화자의 참담한 심정을 잘 드러내 주는 대상이다. 이처럼 모성의 목표 실현과 자아실현 사이의 틈이 클수록 이는 시적 화자의 갈등이 심화하는 계기가 된다. 가정 안에서 희생하여야만 하는 모성 이데올로기가 곧 여성 고유의 삶을 제거하기 때문이다.

이러한 시적 화자가 자아를 찾아가는 욕구 실현 과정에서 자신을 억압하는 주변 상황에서 대면하는 갈등 심리는 아래의 시에서도 잘 드러나고 있다.

바위가 돌거북이를 안고
낮잠을 즐기고 있다

물속 바위에 거북이 한 마리
거꾸로 매달려 있다

중생이 던지는
돌팔매질에도
깊이
깊이
잠입하는 골똘

이 뭣 고?
부모에게서 태어나기 전 생을
탐색하는 중일까

수없는
자문으로
한낮을 데우는 열기

—「무거운 오수午睡-백양사에서」 전문

시적 화자가 백양사에서 바라본 연못 속 풍경은 커다란 바위에 안겨 있는 듯한 돌거북이다. 시적 화자의 눈에 비친 돌거북은 '나란 무엇인가' 라는 화두의 끝을 잡고 자신에게 질문을 던지는 시적 화자와 동일시된 대상임을 눈치 챌 수 있다. 스스로 서지 못하고 물속의 바위에 매달린 돌거북은 남성중심의 사회에서 가부장적 질서 속에 편입되어 주체적인 삶을 살지 못하는 시적 화자의 모습이기도 하다. 하지만 돌거북은 끊임없이 스스로 질문을 던지는 존재이다. 이는 주체적인 삶을 살지 못하고 주변적이고 타자화되었던 시적 화자가 가부장적 질서 속에 편입되어 있으면서도 주체적인 삶을 지향하려는 갈등의 태도를 잘 드러내고 있음을 알 수 있다.

조랑조랑
이쪽에서 저쪽으로
진흙벌 이개며 걸어간

다만 발자국으로 꿈틀거리고 있는 공룡
일억 육천만 년
백악기의 바람을

닿을 듯
저만치 뒷모습으로
앞서 걷고 있다
내 생 뒤쪽

어딘가에 후두룩히
찍혀 버린 우두 주사 자국처럼
오래 꼬리를 물고 있을
어느 날의 너무도
선명한 그림자

—「화순 공룡화석지에서-발자국」 전문

공룡은 과거에 강력한 힘을 발휘하여 주위 대상들을 두려움에 떨게 하던 존재이다. 그러나 화석화된 공룡은 현실에서는 어떠한 힘도 발휘할 수 없는 무력화한 대상이다. 시적 화자는 발자국의 흔적만 남은 공룡 화석을 바라보면서 다시 과거로 거슬러 올라가서 꿈틀거리며 걸어가는 살아 있는 공룡과 대면한다. 그리고 과거로 향하는 공룡의 발자국 속에서 과거의 선명했던 자신을 떠올린다.

이는 곧 시적 화자의 현실과도 무관하지 않다. 즉 화석이 된 공룡의 발자국은 그저 흔적으로만 존재하는 시적 화자의 처지와 별반 다르지 않기 때문이다. 시적 화자는 상상을 통해 살아 있는 공룡의 모습을 불러내면서 과거로 걸어가는 공룡의 행보 속에서 과거의 순수하고 고유한 자신을 회상하고 불러내고 있다. 이처럼 시적 화자는 화석이 된 공룡 발자국을 통해 존재감을 가로막는 세계와의 불화와 갈등하는 내면심리를 "돌거북"이나 "공룡화석 발자국"과 같은 자연 대상물을 통해 드러내고 있다.

2. 억압과 갈등의 세계와의 대결 의식

> 자르고 싶었습니다
> 시야를 자꾸만 차단하는 앞머리
> '애야, 아직 세상을 보기에는 어리구나'
>
> —「샴푸 내음 사이로 비가」 부분

'자라는 앞머리' 등은 습관화되는 일상적인 사건들의 일례이며, 시적 화자의 각성을 흐리게 하는 방해 요소들을 드러내는 은유들이다. 그러나 시적 화자는 소소한 일상 행위에 매몰되지 않으려는 의지를 보이고 있다. 자아의 정체성을 흐르는 주변 환경 속에서도 결코 자신을 포기하지 않는다. 자연스럽게 자라나는 몸의 일부인 머리카락이 자신의 시야를 차단한다는 자각을 통해 주체적인 삶을 지향하는 살아 있는 정신을 보여 주고 있다.

유형의 밤이 깊다

북풍한설 네거리에 저를 매달아

혹독한 형벌로 닦아세우는

—「겨울나무 까치집」 전문

게거품처럼 물었을까
새하얗게 내린 설산의 눈부심으로
내 눈 속 서늘히
뻗쳐 오는
동짓날 바로 그 한기

—「설악초 맵싸한」 부분

작품「겨울나무 까치집」에서 시적 화자는 까치집으로 저를 내걸고 싶다고 발화하고 있다. 그런데 이때의 "까치집"은 평안하고 안락한 공간이 아니라 북풍한설이 몰아치는 네거리의 나무 위에 내걸린 공간이다. 시적 화자가 집에서 안주하는 상태를 욕망하기보다는 형벌과 같은 혹한이 몰아치는 길거리에서 온몸으로 대항하면서 자발적인 고통을 선택하려 하고 있음을 알 수 있다.

시적 화자는 서열화된 가정 내부의 죽은 자유보다는, 힘겹고 고되지만 모험이 가능하고 자신 찾기에 적절한 외부 공간을 선호하고 있는 것이다. 이는 곧 시적 화자가 세계와의 불화에 맞서는 대결 양상을 취하고 있음 알 수 있다. 형벌처럼 자신을 덮쳐 오는 것들과의 응전을 통하여 주체적인 삶을 꾀하고 있으며 그러한 모든 고난을 헤쳐 나가려는 의지를 보여주고 있다.

상처는
그 몸의 중심일까
앞꿈치 발바닥 둘째 발가락 등치
제 발에 맞지 않은 신발로
우둑우둑 짚어 버린 어느 날의 그늘
그 묻혀 지내던 날의 씨알이
발아하듯 싹을 틔웠는가
내 생의 요소요소에
암초처럼 부딪치며
끊임없이 나를 저지하고 겨누던 칼끝
내 탓이오로 저를 비워 내고
알싸한 향기의 취객이 되어
울멍울멍 토해 내고만,
몸이 기억하는
어느 봄날의 몽니 하나

—「티눈 그 상처에 대하여」 전문

시적 화자는 둘째 발가락에 박인 티눈을 보면서 "상처는/그 몸의 중심일까"라는 질문을 자신에게 던진다. 시적 화자에게 티눈은 발에 맞지 않는 신발을 신고 다니면서 생긴 흔적이다. 이때의 발에 맞지 않는 신발이란 시적 화자를 얽어매는 가정일 수도 있고 여성에게 모성을 강요하는 가부장적 남성 담론일 수도 있다. 더 나아가 국가 혹은 하나의 이데올로기일 수도 있다.

그런데 시적 화자는 이러한 외부의 억압에 의해 생겨난 발의 흉터를 부정적 시선이 아닌 긍정적 시각으로 바라보고 있다. 그리고 그 상처는 곧 자신을 받치고 서 있는 중심이라고까지 진술하고 있다. 왜냐하면 시적 화자에게 "티눈"은 자신을 향해 칼을 겨누는 세상과의 대결에서 승리하여 얻은 결과물이기 때문이다. 암초처럼 부딪쳐야만 하는 고난 속에서도 포기하지 않고 처절하게 앞으로 내디딘 발에 난 상처이며 그 상처가 아문 흔적이기에 상처는 곧 힘으로 변화되어 몸의 중심이 되는 것이다. 상처가 중심이 되는 몸은 연약한 몸이 아니다. 상처를 거느린 몸은 이미 세계와의 대결에서 승리한 몸이기 때문이다.

> 코카서스 절벽에 묶여 날마다 간을 파먹히면서도 끊임없이 바위를 끌어올리고 올리는 프로메테우스의 형벌 자욱이 곤두서 있고
>
> 하루에도 몇십 채씩 기와집 짓고 부수며 다가오는 파고를 절벽 끝 외로움으로 다스리는가
> 허위단심 살아온 날들을 텅텅 비워 내고 마디를 맺는 비었으나 꽉 찬 滿
>
> 자칫 곤두박질칠 수렁 아찔한 경고음을 사잇소리로 틀어 놓고 시퍼렇게 부릅뜬 눈빛으로 제 생의 깃발 세우는 죽비 소리

창 창 하 다

—「대나무 너를 보고 있으면」 전문

“대나무” 역시 훼손된 신체를 지닌 존재로 묘사되고 있다. 대나무를 바라보는 시적 화자의 시선은 대나무의 싱싱한 시퍼런 잎을 보면서 프로메테우스의 형벌을 떠올린다. 절벽 위의 대나무는 프로메테우스처럼 끊임없이 바위를 굴려야 하는 형벌을 받는 대상으로 표현되고 있다. 시의 정황상 파도가 치는 바닷가 절벽에 자라는 대나무는 소금기 짠 바닷물을 뒤집어쓰면서도 고단한 현실에 좌절하거나 영합하지 않는다. 이 때문에 대나무의 몸은 형벌 자국과 같은 고통스러운 상처의 흉터로 가득 차 있다. 하지만 그 흉터의 힘으로 대나무는 부러지거나 휘어지지 않고 꿋꿋하게 직립할 수 있다. 그 직립의 힘은 바로 살아온 날들의 욕망을 비워 내는 지혜이며, 그 비움의 자리에 내공이 들어차는 것이라고 시적 화자는 진술하고 있다. 즉 대나무의 제생을 세우는 깃발 소리 혹은 쟁쟁한 죽비 소리처럼 창창하게 자기 정체성을 세우고 새로운 세계를 추구하는 존재이다.

3. 포용과 소통의 의지

티격태격
서로의 잣대만 들이대는
모가 나는 사랑

역지사지로
그 매듭을 풀다 보면

산 첩첩 골 첩첩
가로막힌 철조망도
거추장스런 옷 벗듯이 스르르 걷어들고
합수되는, 그 날이 꿈처럼 오리라고

오늘 아침 문득
내 속 뜰에
무성한 잎새 사이
동글동글 둥그런 세상 바퀴 돌리며
들어서던 모과
모과나무

—「모과나무가 내게」 전문

독하게 희지 않고서는 틈입할 수 없다

빙벽을 치고

제 몸단속에 나선 독야청청

—「백목련을 보다」 전문

시적 화자에게 "대나무"가 비움의 지혜로 고난을 헤쳐나가는 대상이었다면, "모과"는 사랑하는 대상과의 갈등과 화해를 통해 합일점의 모색 과정을 보여 주는 자연물이다. "모과"와 "모가 나는 사랑"이라는 음성의 유사함으로 갈등의 상황을, 모과의 외형적인 둥근 형상으로 반성과 화해의 의지를 드러내고 있다.

또 시적 화자는 "백목련"으로 상징되는 순수의 세계를 지향하고 있음을 알 수 있다. 시적 화자가 바라보는 백목련은 혼탁한 삶을 거부하고 혼자만의 독야청청한 세계를 지니고 있는 존재이며, 순수의 힘으로 거대한 얼음벽을 치는 존재이다. 얼음벽인 빙벽은 어떠한 상대에게 종속되거나 타자화되지 않는 주체를 상징하는 대상이기도 하다. 그래서 시적 화자는 "대나무"나 "목련"과 같은 자연물에 시적 화자의 내면 갈등을 투사시켜 자아 찾기 의지를 드러내고 있음을 알 수 있다.

사랑이
꼭 백설 위에 듣는 핏빛이어야 하는가
찬물 같은 날에도
오종종 빨간 열매
나무 먼나무
눈 속 가득 차오르는
따스한 빛살
가까운 듯 먼 듯 살아온 부부
오누이처럼 닮은 세월로 바라보며

눈치로 대강 짐작하는
믿음의 뿌리가 정이라며
추운 뱃속에
뜨건 국밥 한 그릇으로 푸는 것 같은 것이라고
한마디
남겨진 그 한마디 받아안아

사랑은 더욱 반짝이는가
가까울수록
먼 데 사람 그리워하듯 하라
아우르는 메시지
그 나무 제 이름자 속에
딴청처럼 갈무리하고 있다

—「먼 먼나무」 전문

먼나무는 제주도에서 자생하는 나무로 가을부터 봄까지 붉디붉은 열매를 매달고 있는 나무이다. 그 선명한 붉은색 열매와 더불어 나무껍질이 먹물이 묻은 것처럼 검어서 "먼나무" 혹은 "먹나무"라고도 불린다.

시적 화자는 붉은 열매를 달고 있는 "먼나무"의 "먼"이라는 부사어를 통하여 남편과의 관계를 재설정하고 있다. 공정인 영역을 담당하는 남성에게 지배당하거나 흡수당한 존재가 아닌 스스로 객관적 거리감을 설정하여 자아 정체성을 회복하고 있다. 이때의 시적 화자는 주체성을 자각하고 확립한 존재로서 가정 내부의 재편된 관계 안에서 새로운 여성적 주체로 탄생하고 있다. 모성 이데올로기하에서 희생이라는 찬양의 그늘 속에 가려져 주체성을 상실하고 남성의 권력체계를 공고히 해주는 타자의 존재가 아닌 여성의 목소리로 자기 이야기를 할 수 있는 자리바꿈이 이루어지고 있다.

"짐짓"이란 시어를 통해서도 알 수 있듯이, 시적 화자는 남편과의 조화로운 생활을 위하여, 제 이름을 지우지 않으면서 남편의 요구를 수용하고 있다. 이는 곧 남성 언어의 문법 안에서 제거되거나 소거되는 존재가 아니라 여성적 주체로서 동등한 입장에서 상대와의 소통을 통하여 조화로움을 꾀하는 새로운 여성 문법을 생산하는 것이다.

기암괴석 병풍을 둘러쓰고
달마산 지금 묵언수행 중이다

혜가라도 나타나
한쪽 팔 성큼 베어 들면
이 묵계 풀어질까

가랑잎 수런거리는 소리에도
돌아앉는 달마
미황사는 지금 가라앉은 숨결로
저 혼자 뜨겁다

—「달마산 미황사에서」 전문

이 시에서도 시적 화자는 기암괴석과 같은 험난한 현실이 병풍으로 드리워진 상황 속에서도 고요한 마음의 평정심을 지닐 수 있는 주체적인 태도를 보이고 있다. 억압적인 현실에 대결하여 자기 정체성을 확립한 시적 화자의 내면이 "미황사"라는 대상으로 드러나고 있다. 그러기에 "미황사"는 혼자 가라앉는 숨결로 저 혼자 '고요하면서도 뜨거워' 지는 존재로 남성과 여성이라는 이분법적 경계를 무너뜨리고 존재의 본질로 도약하는 힘을 획득하고 있다.

주체의 자각과 은폐된 여성들, 억압과 갈등과 세계와의 대결 의식, 포용과 소통의 의지라는 세 개의 키워드로 읽어 본 허소미 시인의 시집 『먼 먼나무』는 불모화되고 황폐해진 여성 존재가 세계와의 대결 양상 속에서 주체적인 여성상을 획득하려는 작가 의식을 잘 드러내고 있음을 알 수 있다. 이러한 시적 화자의 세계와의 대결 양상은 곧 역사라는 공적인 장에서 소거되고 삭제된 자기 이름 부르기를 시도하면서 남성 담론을 해체하고 여성적 담론을 시도하고 있다.

특히 허소미 시인의 이번 시집의 특징은 남성의 문법을 허무는 작업을 통해 남성/여성, 주체/타자와 같은 이분법적 대결 양상에서 한발 더 나아가 남성과 여성의 융합 지점을 제시하는 개성적인 시 세계를 보여 주고 있다는 데 있다.

시인 허소미/ 許昭媄

전북 부안 출생
2010년 서울디지털대학교 문예창작과 졸업
2001년 『한국시』 신인상 등단
광주문협, 전북문협, 한국문협 회원
아도문학, 서은문학 동인
시집 『내 삶 부수고 나서야』가 있음

E-mail : shiinblue@naver.com

먼 먼나무

지은이 | 허소미
펴낸이 | 설보혜
펴낸곳 | Poetics 시학
1판1쇄 | 2010년 7월 20일
출판등록 | 2003년 4월 3일
주소 | 서울 종로구 명륜동1가 42
전화 | 744-0110
FAX | 3672-2674

값 8,000원

ISBN 978-89-91914-96-4 03810